AF611287

[illegible]NFÉRENCE SUR LE MAROC

PROJET

A l'usage des Conférenciers

JUILLET 1904

PUBLICATION
DU COMITÉ DU MAROC
21, Boulevard Montmartre, 21
PARIS

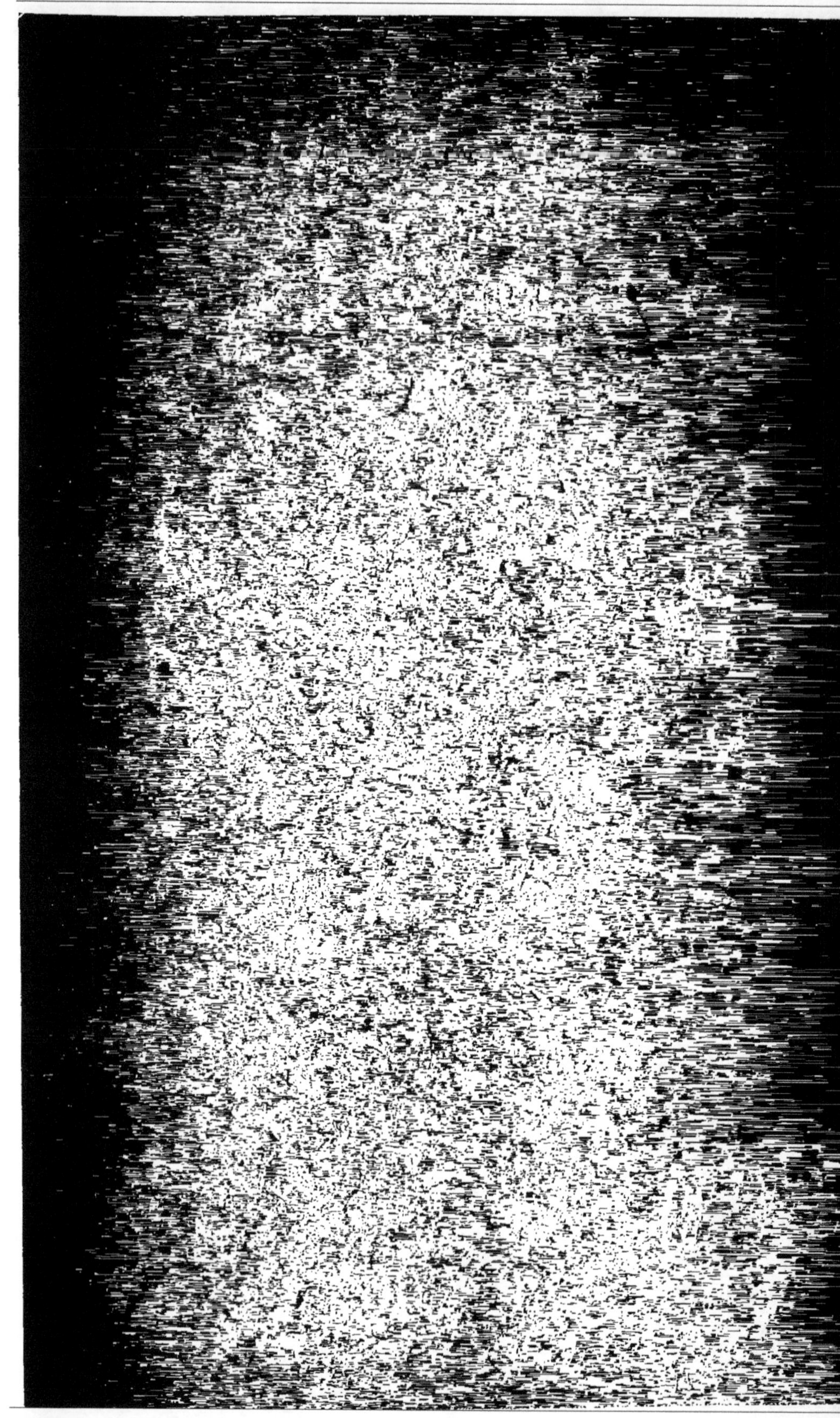

CONFÉRENCE SUR LE MAROC

PROJET

A l'usage des Conférenciers

JUILLET 1904

PUBLICATION
DU COMITÉ DU MAROC
21, Boulevard Montmartre, 21
PARIS

Avis aux Conférenciers

La présente brochure, dont le texte ne doit pas être publié, a pour but de fournir aux conférenciers les lignes générales d'une Conférence d'ensemble sur le Maroc.

Le Comité du Maroc fournira, sur demande, des documents plus précis sur tel ou tel point de ce projet.

Il enverra gratuitement aux conférenciers des cartes du Maroc à distribuer aux auditeurs en nombre aussi grand qu'ils le désireront, et dont la réduction figure à la fin de la présente brochure.

Il mettra également, franco et gratuitement, à leur disposition des clichés à projections. Les clichés devront être retournés après la Conférence.

Le Comité sera très reconnaissant aux conférenciers de placer leur réunion sous son patronage et de recommander son œuvre aux auditeurs.

Il les prie de lui transmettre un compte-rendu sommaire de leur Conférence pour publication dans son Bulletin.

Il sera heureux de recevoir d'eux des listes de noms pour la propagande.

Adresser toutes communications au Secrétaire général, 21, boulevard Montmartre, Paris.

Le Maroc

Messieurs,

Il faudrait avoir une connaissance bien insuffisante des grands intérêts français pour s'étonner de voir tant de conférenciers venir parler au public français des choses du Maroc, et pour trouver l'insistance de leur propagande superflue. Du moment où nous prétendons, non seulement continuer, mais même sauver l'œuvre coloniale que nous avons accomplie jusqu'à présent, nous devons revendiquer la prépondérance sur le pays qui continue à l'ouest l'Algérie. Le mot *continue* est ici exact, car il n'y a pas de solution de continuité entre la partie de l'Afrique du nord que nous possédons maintenant et celle que nous devons posséder demain. C'est ce que l'on a souvent appelé l'Ile du Mogreb, entre les flots de la Méditerranée et les solitudes sablonneuses et pierreuses du Sahara. Tout ce pays habité par une seule race, la race berbère, n'avait au moyen-âge qu'un seul nom, celui de Berbérie dont, par une assimilation erronée, nous avons fait le mot Barbarie. La Tunisie, l'Algérie et le

Maroc, qui composent ensemble ce qu'on pourrait appeler l'Afrique Mineure, sont donc un tout. La partie occidentale est le bastion avancé du reste; si nous ne le possédons pas, nous sommes exposés à voir s'y créer un voisinage dangereux pour l'Algérie-Tunisie, voir compromettre l'œuvre immense que nous y avons accomplie depuis trois quarts de siècle. Notre action au Maroc, notre volonté d'y établir notre prépondérance, est une nécessité logique inéluctable. Comme le disait M. Etienne : « Il est de toute évidence que de la solution qui sera donnée à la question du Maroc dépend l'avenir même de notre pays. Il ne s'agit pas ici d'un de ces territoires plus ou moins riches, plus ou moins désirables au sujet desquels les transactions sont possibles ; les énormes sacrifices que nous avons faits en Algérie et en Tunisie peuvent se trouver annulés si la solution qui intervient n'est pas conforme à nos intérêts et à nos droits. »

Des Français ne sauraient en effet porter au Maroc une curiosité purement géographique comme celle qui peut les intéresser au Thibet et aux explorations polaires ; il s'agit pour eux de la sauvegarde et de l'extension de l'œuvre capitale que nous poursuivons au dehors. Il s'agit pour eux de mener à bien la dernière grande chance coloniale qui nous reste en réalité, depuis que nous avons perdu notre incomparable domaine de l'Amérique du Nord. Que l'on regarde en effet la carte de notre empire d'outre-mer, et l'on verra qu'il est entièrement compris entre les Tropiques, que seule l'Afrique du Nord émerge des régions trop chaudes où les Européens ne sauraient vivre autrement qu'en passant, et en directeurs momentanés des races indigènes. Et les résultats obtenus justifient l'intérêt que nous portons à l'Afrique ; à l'heure actuelle c'est une nation de 800.000 habitants européens qui se développe de l'autre côté de la Méditerranée. Tous sans doute ne sont pas des Français d'origine, mais tous en arrivent peu à peu à se rallier à la civilisation française, à adopter la langue française, parce que, venant de pays moins avancés que le nôtre, toute espèce de progrès et de culture qui s'impose à eux sur le domaine africain de la France est nécessairement d'origine et de tendances françaises. Et le développement de cette nouvelle nation européenne d'outre-mer n'a pas empêché la population indigène de grandir à son tour en nombre. Nous avons de ce côté, à l'heure actuelle, six millions de sujets musulmans dont les dispositions d'esprit, qui présentent pour nous un intérêt si grand, peuvent être influencées en bien ou en mal par la destinée que subira le pays voisin. Enfin, si nous parlons maintenant des intérêts purement matériels, comment ne pas désirer consolider et étendre un domaine qui, tous les ans, donne lieu à un commerce grandissant de 800 millions, dont les 4/5 se font avec la France? On trouve encore des gens pour dire que l'Algérie et la Tunisie nous coûtent. Comment peut-on soutenir une pareille thèse en songeant au nombre de personnes qui vivent en France même des industries qu'entretient ce commerce de 800 millions, et aussi de la navigation active qui en résulte, sous pavillon français, entre les deux rives de la Méditerranée ?

Si on applique aux nations le vieux principe du « *A chacun selon ses œuvres* », nous sommes tout attitrés à réclamer la prédominance sur toute l'Afrique du Nord où nous avons fait une œuvre énorme, plus considérable certes, étant donné le peu de durée qu'elle a encore, que celle que réalisèrent les Romains au cours d'une domination de quatre siècles. Si donc le Maroc n'avait en lui-même que la valeur capitale que lui donne pour nous le voisinage de l'Algérie, nous ne devrions pas nous en désintéresser, nous devrions faire une affaire vitale de la nécessité d'y étendre notre main. Mais il n'en est rien. Le Maroc, au lieu d'être simplement le bastion de l'Afrique du Nord française en sera demain la partie la plus belle et la plus riche. Il est un proverbe arabe qui résume admirablement cette situation : « Si le monde, dit-il, est un paon, le Maroc en est la queue. » Et il n'est pas difficile à première vue de comprendre pourquoi. La partie occidentale du Mogreb l'emporte en avantages de tous genres sur la partie orientale. Situé entre deux mers et largement ouvert au souffle de l'Atlantique, le Maroc devait par sa seule position géographique recevoir une quantité d'eau supérieure à celle dont sont gratifiées par des pluies trop rares les régions qui le continuent à l'Est. Mais il est encore une autre raison qui assure au Maroc un climat supérieur : c'est l'altitude beaucoup plus grande de ses montagnes.

Un simple coup d'œil sur la carte qui va être

projetée devant vous suffit à vous faire saisir le caractère montagneux du pays marocain. La graduation des tons indique la progression des altitudes. Les plaines sont en blanc, les montagnes sont de plus en plus sombres à mesure qu'elles sont plus hautes. Celles qui dépassent 4.000 mètres sont en noir. Eh bien, vous pouvez vous rendre compte qu'il s'élève au Maroc deux chaînes de montagnes qui, dans plusieurs parties, opposent une barrière aussi haute que celle des Alpes. Si vous remarquez la direction de ces obstacles, vous verrez qu'ils séparent le Maroc du sud, que, courant du N.-E. au S.-O., ils l'ouvrent aux vents humides du large et le ferment au souffle desséchant du Sahara, d'une manière autrement efficace que ne peuvent le faire les montagnes de 1.600 à 2.000 mètres au maximum qui séparent du désert les hauts plateaux déjà si désertiques eux-mêmes de l'Algérie, d'ailleurs plus éloignée de l'Océan.

Les cours d'eau du Maroc témoignent de son régime pluvial supérieur à celui des régions voisines de la Berbérie. Dès le versant méditerranéen, on rencontre la Moulouya qui, malgré l'aridité d'une partie des régions qu'elle traverse dans son cours de 400 kilomètres, apporte à la mer des eaux abondantes recueillies dans le Moyen et le Grand Atlas, entre lesquels ce fleuve prend naissance. Mais c'est sur le versant atlantique qu'apparaît surtout la supériorité du Maroc. Là débouchent l'Oued Lekkous, le Sebou, le Bou-Regreg, l'Oum-er-Rbia, le Tensift, tous cours d'eau permanents et d'un débit sérieux pour l'étendue de leur bassin. Le Sebou surtout est un grand fleuve, navigable sans doute pour des chalands à faible tirant d'eau jusqu'à une vingtaine de kilomètres de Fez. Il y aurait là un intéressant et pratique problème d'hydrographie marocaine à résoudre. L'Oum-er-Rbia, plus long que le Sebou (400 kilomètres contre 250), le cède à peine en volume à son émule, peut-être même l'égale-t-il et aurait-il la même ampleur si son cours n'était beaucoup plus rapide et agité. Le Tensift, nourri des neiges du Grand-Atlas, ne remplit pas son lit, mais c'est parce que ses eaux, détournées par mille saignées, nourrissent les immenses jardins et palmeraies de la banlieue de Mérâkech. Les vallées de tous ces fleuves sont abritées par la haute chaîne du Grand-Atlas qui sépare si vigoureusement le Maroc des aridités sahariennes et lui assure le maintien de sa fertilité. Mais même au sud de cette barrière coule encore un fleuve qui n'est pas un simple saharien, c'est-à-dire qui a de l'eau en toute saison, l'oued Sous, lequel arrose une des régions les plus riches peut-être de l'Empire marocain. Plus loin, il est vrai, on ne trouve plus que des oueds n'arrivant à la mer que par des temps de pluies exceptionnelles, mais néanmoins, au Sud du Grand Atlas, dans les hautes vallées de ces rivières sahariennes, il y a encore des cours d'eau permanents, comme l'oued Idermi, l'oued Dadès, qui, ensemble, forment plus bas l'oued Draa et les rivières qui constituent l'oued Ziz que boivent les sables, non sans lui avoir cependant laissé le temps de nourrir les abondantes palmeraies du Tafilelt.

Tous les fleuves du versant occidental ont

leur cours inférieur dans des plaines d'une grande richesse, et dont une partie est couverte par des terres noires qui rappellent le fameux tchernozom de la Russie, inépuisables en céréales. C'est, au Nord, le Rharb dans le royaume de Fez, et au Sud le Chaouia et le Houz (*ici faire des projections des vues des principales rivières du Maroc, après les avoir d'ailleurs indiquées au cours de l'exposé en suivant la carte.*)

Mais les pays de montagnes d'où descendent ces rivières, pour être moins faciles à mettre immédiatement en exploitation que des plaines où la charrue n'a qu'à mordre sans aucune préparation, et qu'elle aurait entièrement retournées si un régime politique meilleur donnait aux Marocains le désir de produire plus que ce qui est nécessaire à leur consommation propre en leur laissant le profit de la vente de ce surplus, ces montagnes, disons-nous, constituent elles-mêmes des régions largement pourvues de richesses. Au Nord, c'est le massif du Rif, dont les chaînes, commençant au rivage de la Méditerranée et s'élevant au fur et à mesure qu'elles s'étendent vers l'intérieur, embrassent la courbe de ce rivage de courbes concentriques. Le premier ressaut montagneux a 600 mètres, le plus élevé en a 1600 en moyenne et 2.200 sur ses pics suprêmes. Toutes les vallées de cette région sont abondamment pourvues d'eau courante, d'arbres fruitiers ; les villages s'y succèdent, et si d'une manière générale les pentes de ce pays schisteux ne sont pas très abondamment tapissées de végétation, elles sont cependant par endroits couvertes de forêts, et en particulier de forêts de chênes-lièges, dont l'exploitation donnerait certainement de grands profits.

Au Sud de la vallée du Sebou et de celle de son affluent, l'oued Innaouen, qui constitue la fameuse trouée de Taza, route heureusement réservée aux futures voies unissant l'Algérie au Maroc occidental, commence le deuxième massif montagneux du Maroc, celui du Moyen-Atlas. Là, nous sommes peut-être dans la région la moins connue du pays marocain. Elle a été traversée par peu de voyageurs, et ceux d'entre eux qui y ont accompli le plus long itinéraire, sont nos deux compatriotes, MM. de Foucauld et de Segonzac. Mais le peu de renseignements que nous possédons sur ce massif central du Maroc montre qu'il s'agit d'un pays d'une grande valeur. C'est une région calcaire dont les alluvions, arrachées par les rivières qui coulent vers le N.-O. et déposées dans les plaines qui précèdent l'Atlantique, ont assuré la grande fertilité du Maroc maritime. D'immenses forêts couvrent les montagnes. C'est le cèdre, le thuya, dans certaines régions le chêne-liège. Ce pays est habité par les tribus de la grande confédération berbère des Beraber. Les villages fortifiés de ces indigènes se succèdent dans les vallées livrées à de riches cultures, tandis que des troupeaux pâturent sur le flanc des montagnes. On signale malheureusement dans ces régions, comme dans le reste du Maroc, des déprédations de nature à compromettre la richesse future du pays. Les incendies des forêts sont fréquents, et il est à désirer qu'un régime s'établisse dans cette région montagneuse qui en empêche le déboisement, qui serait plus fatal encore sous ce climat que sous le nôtre. Le Moyen-Atlas commence à l'altitude de 1200 mètres, immédiatement au Sud de Fez, mais ses replis, orientés du N.-E. au S.-O, vont en s'élevant dans cette dernière direction. Le Djebel Ayach, au centre du Moyen-Atlas, a 3.500 mètres, et il semble que, plus loin encore, vers le S.-O., la chaîne doive dépasser l'altitude de 4.000 mètres.

Reste enfin la dernière grande chaîne marocaine, le Grand-Atlas. Celle-là est moins large, mais elle est plus élevée. Elle semble se diviser en deux parties. Dans l'ouest, une série de montagnes orientées N. S., et s'élevant à 3.500 ou 4.000 mètres d'altitude au sud de Merakech. Dans l'Est, une grande arête orientée N. E.-S. O., et qui atteint l'altitude de 4.500 mètres au Djebel Ayachi, entre la haute Moulouïa et la haute vallée de l'Oued Ziz. M. de Segonzac, qui a parcouru cette région, estime que lorsque nous aurons civilisé le Maroc, le Haut-Atlas, avec ses cols sauvages couronnés de villages Berbères et couverts d'admirables vergers, où fleurissent toutes les fleurs, où mûrissent tous les fruits d'Europe, avec ses cîmes majestueuses couvertes de forêts, de cèdres et de thuyas, peuplés de gazelles, de sangliers, de moufflons, de panthères et de lions, sera l'un des coins du monde les plus attirants et les plus visités. Plus au sud encore, le Sahara n'ouvre pas son immensité avant que l'on rencontre d'autres barrières qui constituent comme les positions avancées du Maroc montagneux et s'opposent à la marche des vents désséchants du désert vers le Nord. Une chaîne, le petit Atlas ou l'anti Atlas, couvre le flanc méridional de la vallée de l'oued Sous, et ne laisse qu'un passage étroit entre les hautes vallées de l'oued Dra et le cours inférieur et décidément saharien de cette rivière. Toutes ces montagnes arrêtent les nuages, emmagasinent l'humidité, assurant au Maroc une richesse en eaux bien supérieure à celle dont dispose l'Algérie. S'il n'y a pas de glaciers dans l'Empire chérifien, on y trouve des neiges qui fondent fort tard dans le Riff et ne fondent même jamais complètement dans certains replis ombreux du moyen et du grand Atlas.

L'empire marocain a six ou huit cent mille kilomètres carrés. Il est difficile de fixer des limites puisqu'il s'étend vers le Sud sur les régions sans maîtres du Sahara, mais en tout cas il est sensiblement plus grand que la France, et la zône fertile, beaucoup plus étendue proportionnellement qu'elle ne l'est en Algérie et en Tunisie, égale assurément la moitié de la superficie de notre pays.

Malgré cette grande étendue, et bien que la population, jamais recensée d'ailleurs, dépasse, selon les estimations les plus modestes, six millions d'habitants, le commerce du Maroc est fort médiocre. Il n'atteint pas 100 millions de francs par an. Sur ce chiffre, la France et l'Algérie qui viennent au premier rang parmi les clients du Maroc, achètent ou vendent à ce pays (1902) pour 38 millions de francs; viennent ensuite l'Angleterre, avec 36 millions, l'Espagne avec 8 millions 300.000 francs, l'Allemagne, avec

7.350.000 francs, la Belgique avec 2.900.000 fr. Les Etats-Unis et l'Autriche-Hongrie ont récemment fait leur apparition sur le marché marocain.

Il est évident qu'un si beau pays devrait prendre une bien plus large part à la vie économique universelle. Sans parler des richesses minières — zinc dans le nord, cuivre et charbon entrevus dans le sud — richesses qui non seulement ne sont pas exploitées, mais même pas encore sérieusement étudiées — le Maroc renferme en puissance d'immenses ressources agricoles qui lui permettraient de vendre beaucoup, et, par contre-coup, d'acheter en proportion. Il a au moins 80,000 kilomètres carrés qui pourraient être livrés à une grande production de céréales. (La superficie totale de la France est de 529,000 kilomètres carrés.) En dehors des monceaux de grains que la terre marocaine est capable de produire, elle pourrait nourrir 10 millions de moutons, 11 millions de chèvres, 5 millions 1/2 de bœufs, sans compter les chevaux, les ânes et les chameaux.

Seule la barbarie politique empêche le Maroc de prendre son essor. Une simple comparaison fait éclater cette cause d'infériorité. Ce grand pays, bien arrosé, fait à l'heure qu'il est un commerce non seulement prodigieusement inférieur à celui de l'Algérie (ce dernier est de plus de 650 millions), mais encore inférieur à celui de la Tunisie, bien plus petite, plus sèche, mais qui se développe dans l'ordre résultant d'une domination européenne et qui prospère depuis bientôt 25 ans dans la paix française.

La barbarie politique entrave le développement du Maroc de toutes les manières. Tout d'abord, elle le prive de tout outillage moderne. Non seulement l'Empire chérifien n'a pas un kilomètre de chemin de fer, mais encore il ne possède pas un seul port creusé de main d'homme, et comme la nature l'a mal traité à cet égard, il est malaisément abordable. Sur la Méditerranée, en dehors du préside espagnol de Melilla, il présente un front de fer, une côte escarpée, semée de récifs schisteux, dont l'accueil hostile est encore rendu plus dangereux par la sauvagerie des habitants, au besoin pirates et naufrageurs : c'est la côte du Riff, de fâcheuse renommée, le littoral inhospitalier que les anciens appelaient déjà le *Litus importuosum*. Sur l'Atlantique, le Maroc déroule de longues plages sur lesquelles déferle en ligne ininterrompue la grande houle du large. A peine quelques embouchures de fleuves crèvent cette côte sans abri, et encore, sur les bancs de sable déposés à leur entrée, les vagues se brisent en rouleaux, formant une barre souvent infranchissable, devant laquelle bourlinguent parfois pendant des semaines des navires qui ne peuvent ni décharger leurs cargaisons, ni communiquer avec la terre.

Quelques travaux pourvoiraient le Maroc d'un nombre suffisant de ports; mais comment se feraient-ils sous une barbarie, contemporaine sans doute d'Edison et de Pasteur, mais sœur de nos âges mérovingiens? Au Maroc, il n'y a ni ponts ni routes, mais ce qui est encore plus grave, il n'y a pas de sécurité. Dans les pays soumis au Sultan, les exactions des caïds faussent tous les prix de revient en matière agricole et commerciale. Pour y échapper autant que possible, les commerçants étrangers se servent pour leurs transactions avec l'intérieur, de *censaux* indigènes ou de protégés de leur Légation qui échappent à la justice marocaine et relèvent de la juridiction étrangère des consuls. Mais dans la montagne indépendante le voyageur ne peut traverser les tribus sans avoir acquitté le droit de *Zettat,* acheté l'*anaïa*, la protection de quelque saint personnage, comme chez nous, au début du moyen-âge, on recherchait celle de quelque abbaye. Comment s'étonner de ce que sous un tel régime qui, disons-le encore en passant, s'aggrave ordinairement de l'interdiction d'exporter les céréales et souvent de celle d'exporter le bétail, le commerce soit écrasé de frais exorbitants? Quelques chiffres en donneront une idée : le Vice-Consul britannique à Fez estimait récemment à environ 1 fr. par tonne kilométrique le prix de transport des marchandises à dos de chameau ou de mulet. Les dattes du Tafilelt subiraient, avant d'arriver à la mer, des frais s'élevant à 146 0/0 de leur valeur!

Pour bien comprendre cette situation, il faut se demander ce qu'est en réalité ce pays que nous appelons un empire, parce que nous ne trouvons pas dans notre terminologie politique un mot plus propre pour désigner son état. Un tiers à peine du Maroc est soumis au Sultan. Si nous prenons la carte, nous constatons que les régions qui obéissent à sa domination, à son Makhzen, et qui, pour cette raison, sont frappelées le *bled el Makhzen,* occupent la plaine au nord-ouest de Fez, le pays de Merakech, régions soumises séparées par un pays presque indépendant dans lequel le Sultan n'oserait pas s'aventurer sans une forte armée, et qui l'oblige, lorsqu'il veut se rendre de Fez et de Mequinez à Merakech, à aller passer au bord de la mer à Rabat. Tout le Sud-Est du Maroc, tout le pays montagneux du Moyen et du Grand Atlas, est donc à peu près complètement insoumis. C'est à peine si au Tafilelt, berceau de la dynastie actuelle, le Sultan a des caïds plus ou moins obéis. Sur la frontière algérienne, à Oudjda, et depuis peu à Figuig, des autorités ont été établies pour représenter le gouvernement chérifien, mais encore ne se maintiennent-elles guère dans ces régions qu'à l'aide de la France, et sont-elles incapables de communiquer avec les autres parties soumises de l'Empire autrement que par le territoire algérien et par la mer. Taza, sur la route d'Oudjda à Fez, est en plein pays insoumis. Le Sultan ne saurait en ce moment y passer. Dans toutes ces régions quasi indépendantes appelées *bled es Siba,* on ne rencontre en fait d'autorité que celle des personnages principaux des diverses tribus berbères et celle de certains personnages pieux. Sur toute cette immense région du Maroc intérieur, le Sultan n'a d'autre influence que celle que lui donne sa qualité de chef spirituel de l'Islam occidental : dans les deux tiers de son prétendu Empire, il n'est pas un souverain, il est comme un pape lointain, aussi peu obéi que pouvait l'être le pape dans la France du Moyen-Age.

Sans doute le Sultan aurait pu, en faisant un effort continuel, soumettre ce pays, mais les ressources du Makhzen ne sont pas telles qu'il puisse se livrer à un effort suivi. Enfin, au Maroc, on n'a pas de l'État la conception intransigeante qu'on s'en est faite en Europe, où l'on admet que le souverain et l'autorité centrale sont tenus de faire respecter l'ordre partout. On se contente fort bien, dans l'entourage du Sultan, de faire percevoir les impôts par des expéditions armées, et de ne gouverner directement et continuellement que les régions basses qui entourent les capitales.

Dans les régions elles-mêmes qui constituent le *bled el Makhzen,* l'autorité n'a pas le caractère ordonné qu'on lui connaît en Europe. Les caïds envoyés par le Sultan pressurent les populations, lèvent des impôts supérieurs à ceux qu'on leur avait demandés, se constituent ainsi des ressources qui d'ailleurs restent précaires : la justice immanente, en effet, se manifeste pour les caïds marocains par un ordre d'aller à la cour. Le fonctionnaire ainsi appelé sait ce qui l'attend. Il part emportant le plus qu'il peut d'argent, et le Sultan lui fait rendre gorge, profitant ainsi de la manière dont il s'est engraissé sur le pays. Le caïd honoré de l'invitation de venir à la Cour, est bien heureux si, à moitié ruiné, il n'est pas jeté encore dans les prisons marocaines qui sont loin d'être un séjour enchanteur et sûr, puisque le prisonnier y meurt de faim s'il n'est pas nourri au guichet par les soins de sa famille. Sans doute l'ordre est en apparence plus grand dans le pays Makhzen que dans le pays Siba, mais les populations y jouissent d'une sécurité qui rappelle de trop près celle des pucerons protégés par des tribus de fourmis guerrières qui les considèrent comme des troupeaux à pressurer.

Il est assurément au Maroc des hommes qui sentent la nécessité d'une réforme. Les renseignements encore vagues parvenus au Makhzen sur la supériorité de l'administration des pays européens ont impressionné un certain nombre de personnes et en particulier le Sultan actuel. Ce dernier a voulu supprimer l'ancien système fiscal, remplacer les impôts coraniques, le *Zekkat* et l'*Achour*, par une imposition nouvelle, le *Tertib*, impôt fondé sur le recensement des biens à taxer. Mais cette réforme n'a pas abouti. Les Marocains, profondément religieux, ayant l'horreur des interventions du gouvernement, se sont insurgés contre lui. Le *Tertib* a certainement contribué à provoquer au Maroc des désordres qui dépassent de beaucoup, depuis quelque temps, la moyenne normale de l'anarchie de ce pays. Le Sultan a manifesté un esprit réformateur mais d'une manière brouillonne. Ce besoin de changement, fruit éclos trop vite dans un milieu qui lui était contraire, s'est traduit beaucoup plus par des fantaisies enfantines que par des projets suffisamment muris. Le jeune Moulaï-abd-el-Aziz, entouré par des favoris qui n'appartiennent pas au milieu des gouvernements traditionnels du Maroc et en particulier par le soldat de fortune El Menehbi, qui, n'ayant pas d'attaches dans les grandes familles du Makhzen, avait intérêt à tourner l'esprit du Sultan dans des directions où il échappait à la domination des influences établies dans le pays, a été encouragé à acheter des automobiles, à monter à bicyclette et à s'entourer d'amuseurs européens, en particulier anglais. Tout cela, ajouté au *Tertib*, et disons-le, à la faiblesse du Makhzen, aussi imbu à ce moment d'esprit de réforme qu'incapable de les imposer, a extrêmement scandalisé les Marocains, choqué leurs habitudes, et alors on a vu Bou Hamara, l'homme à l'ânesse, se lever dans le Maroc oriental, et devenir le centre de ralliement des tribus qui ne demandaient d'ailleurs qu'à se révolter. Le Maroc a donné ce spectacle étrange d'un pays d'autant plus troublé, d'autant plus désordonné, qu'on venait d'essayer d'y introduire un peu plus d'ordre et un peu de progrès administratif. A l'heure actuelle, toute la partie orientale du Maroc est révoltée au nom de Bou Hamara. Dans les vieilles provinces soumises au Makhzen, voici deux ans que l'on ne peut plus percevoir d'impôts ; le *Tertib* n'a pas été levé, et les anciennes taxes coraniques ne le sont pas davantage. Le Makhzen ayant de moins en moins d'argent ne peut plus avoir de troupes, puisque, dans ce pays mal organisé, on ne conserve de soldats que grâce à la paye qu'on leur donne. Une catastrophe sera même à craindre, c'est-à-dire la prise de Fez par les gens de Bou Hamara, le prétendant, et, partant, la chute de la dynastie, si au Maroc l'impuissance d'un parti n'égalait pas l'impuissance de l'autre, tous étant incapables de tenter quoi que ce soit de définitif, en raison de l'instabilité et du désordre fondamental du pays.

Cet état de choses déplorable ne vient d'ailleurs

pas de ce que les Marocains manquent de qualités. Ceux qui connaissent l'Algérie prétendent hautement le contraire. Tous les ans, des milliers de Berbères sobres et durs à la fatigue, viennent du Riff, du Moyen-Atlas et jusque du Sous lointain, comme les Belges viennent dans nos provinces du Nord, faire la moisson ou les vendanges dans les fermes algériennes. Ils rapportent dans leurs tribus des économies réalisées dans ce pays fabuleux, où l'homme est assuré, grâce à la régularité du fisc, de garder les résultats de son travail. Un autre élément au Maroc a de sérieuses qualités, ce sont les gens de Fez, hommes très civilisés, menant au milieu des chefs-d'œuvre de l'architecture arabe une vie très raffinée qui n'est pas sans charmes, même pour les Européens. Ces *fasi* sont les héritiers des Maures d'Espagne, ils ont le sens politique très avisé, et beaucoup d'entre eux se rendent compte que le régime actuel du Maroc est un anachronisme et que leur gouvernement est incapable d'organiser les forces latentes du pays de manière à en tirer assez de solidité pour résister à la pression de plus en plus forte de l'Europe toute voisine. *(Ici projections de marchés, de villes, de monuments.)*

Mais il ne suffit pas pour réformer un pays qu'il compte beaucoup d'hommes âpres au gain, ayant le goût de l'économie et du travail, et d'autres qui ont le sens avisé des nécessités gouvernementales. Il y a au Maroc trop d'habitudes d'indépendance farouche dans la montagne, de corruption administrative et de désordre administratif dans la plaine pour que ce pays puisse trouver en lui-même le levain de sa régénération. Pas plus là qu'ailleurs une société ne se réforme uniquement parce qu'elle a besoin de se réformer, il faut qu'elle trouve une force qui l'achemine dans la voie du progrès, en brisant la résistance de tant de petits intérêts particuliers, et, comme cette force n'existe pas au Maroc même, il faudra qu'elle vienne du dehors, et il n'est aucun Français qui ne doive se dire qu'elle ne saurait être apportée que par la France, déjà maîtresse de l'Algérie. C'est à nous qu'il appartient de diriger la réorganisation du *bled el Makhzen* et la soumission graduelle du *bled es Siba* à l'administration régénérée du Sultan.

Ces mots mêmes vous résument le programme que doit suivre l'action française au Maroc. Il ne s'agit pas d'une conquête, mais bien de l'utilisation, pour réorganiser le Maroc, d'une autorité indigène réorganisée elle-même et guidée par nous. A cet égard, tout le monde est unanime en France où l'esprit colonial est devenu singulièrement plus avisé qu'il ne l'était à l'époque où nous avons conquis l'Algérie. Pour s'en rendre compte, il suffit de se rappeler la différence radicale qui existe entre la procédure suivie en Tunisie et celle qui avait été suivie cinquante ans plus tôt à notre arrivée dans l'ancienne régence d'Alger. On dit que nous ne sommes pas colonisateurs, il vaudrait mieux dire que nous ne l'étions plus lorsque nous nous sommes sortis de la longue période de révolutions intérieures et de guerres européennes qui sépare l'époque des grandes entreprises coloniales de l'ancienne France en Amérique et dans l'Inde de la renaissance coloniale de la France nouvelle au cours et surtout à la fin du XIXe siècle. A mesure que des problèmes coloniaux recommençaient à se poser pour nous, nous nous sommes fait de notre politique coloniale une conception de plus en plus pratique : une fois de plus s'est révélée la vérité de cette formule que la fonction crée l'organe.

Aujourd'hui on est unanime en France en ce qui concerne le Maroc : c'est au Makhzen réformé et soutenu par nous que nous devons nous adresser pour faire régner au Maroc l'ordre nécessaire. Nous y pénétrerons par la *manière douce*, nous y pratiquerons ce que l'on appelle déjà la *pénétration pacifique*. Nous nous garderons bien de renouveler la folie commise à Alger où nous avons détruit non seulement toutes les autorités indigènes, capables de servir d'intermédiaires entre nous et la population à dominer, mais même toutes les archives qui auraient pu servir à nous donner des renseignements nous permettant d'administrer rationnellement le pays. Nous ne chercherons pas à faire du Maroc ce que fut longtemps l'Algérie : un simple champ de manœuvres où nos troupes allaient acquérir de l'expérience et nos officiers de l'avancement et de la gloire. Nous chercherons au contraire, pour ainsi dire, un noyau d'action indigène et nous le trouverons dans le Makhzen qui est le seul embryon d'organisation qui existe dans ce pays.

Sans doute, nous ne pouvons pas *a priori* déclarer hautement qu'à aucun moment nous n'userons de mesures coercitives : ce serait donner au Makhzen de trop excellentes raisons pour refuser de s'associer à notre œuvre. Mais, tout en lui imposant un peu cette dernière, en lui faisant comprendre qu'il doit choisir entre les deux termes d'un dilemme consistant à être avec nous ou contre nous, nous lui présenterons notre intervention comme étant non pas celle de maîtres impérieux, mais celle de collaborateurs qui lui permettront d'étendre son action et d'augmenter sa richesse en soumettant graduellement le pays insoumis. En même temps, nous devrons nous présenter aux tribus comme des bienfaiteurs. Il nous faut leur apporter des hôpitaux, des dispensaires, augmenter le nombre des médecins français qui se trouvent déjà au Maroc, et toutes ces œuvres devront être menées à la fois par le gouvernement français et par des associations comme le Comité du Maroc qui s'est fondé pour étudier le pays où nous avons à agir et seconder l'œuvre que notre pays doit y mener à bien.

La première chose que nous ayons à faire, c'est à réorganiser les finances du Sultan et à mettre à sa disposition, tout en en conservant le contrôle, une force plus sérieuse que celle dont il dispose et dont l'insuffisance laisse l'anarchie maîtresse du pays ; c'est-à-dire que nous devons l'aider à conclure un emprunt, mais en contrôlant, au moins en partie, l'emploi des fonds qui en résulteront et en veillant à ce qu'ils servent à créer une petite armée chérifienne dirigée et encadrée par un certain nombre d'officiers français et de sous-officiers et de soldats appartenant aux tirailleurs algériens.

Comme on le voit, il n'y a pas à s'épouvanter devant la tâche que nous devons entreprendre au Maroc, il ne s'agit en aucune façon, et on ne saurait trop le répéter, d'aller nous jeter dans un guêpier, de renouveler sur la terre marocaine les semailles sanglantes et coûteuses qui ont enfin levé en une si belle moisson sur la terre d'Algérie. Nous n'avons pas, quoi qu'en aient dit certains pessimistes, à employer 100,000 hommes et à engloutir 500 millions pour conquérir le Maroc. Ce n'est pas le soldat français qui doit soumettre ce pays, mais bien le soldat marocain, encadré et dirigé par des chefs français. C'est en grande partie avec des ressources marocaines que nous constituerons cette force nécessaire pour commencer, puis pour développer une œuvre qui prendra une extension grandissante à mesure que le développement de ces ressources déjà fournies par elle permettront de lui consacrer un plus grand effort. Mais, il ne faut pas l'oublier, nous devons agir de suite, nous devons profiter sans retard de l'accord franco-anglais pour dessiner sur le terrain marocain lui-même l'action française que cet accord a dessinée sur le terrain international. Le Maroc est pour l'Europe, en quête de débouchés, un morceau singulièrement tentant. A chaque instant, en outre, des incidents peuvent y surgir, des Européens peuvent être massacrés et des puissances désireuses d'intervenir trouver là des prétextes à interventions. Il nous faut les devancer, il nous faut nous rappeler que le Maroc est pour nous d'un intérêt capital. Enfin, Messieurs, pour terminer, nous devons bien nous pénétrer de cette vérité : que notre œuvre marocaine est une œuvre utile, nécessaire même à la puissance maîtresse de l'Algérie, une œuvre réalisable sans sacrifices excessifs, et surtout, si l'on réfléchit à la valeur de l'objet et à l'intensité naturelle des convoitises que l'Europe porte de plus en plus sur les pays d'outre-mer, une œuvre d'une extrême urgence. Vous devez tous y contribuer par la manière dont vous en parlerez, et aussi par l'appui que vous pourrez, au besoin, donner aux sociétés françaises qui se sont constituées en vue de contribuer à notre action nationale au Maroc. N'oubliez ni dans vos paroles, ni dans les actions qui vous seront peut-être demandées, que cette action est d'un intérêt capital pour la France : telle est la pensée dont nous désirons, en terminant, vous laisser profondément convaincus.

Étampes. — Imprimerie Lecesne.

RÉDUCTION DE LA CARTE DU MAROC

Mise à la disposition des Conférenciers en tel nombre qu'ils désireront.

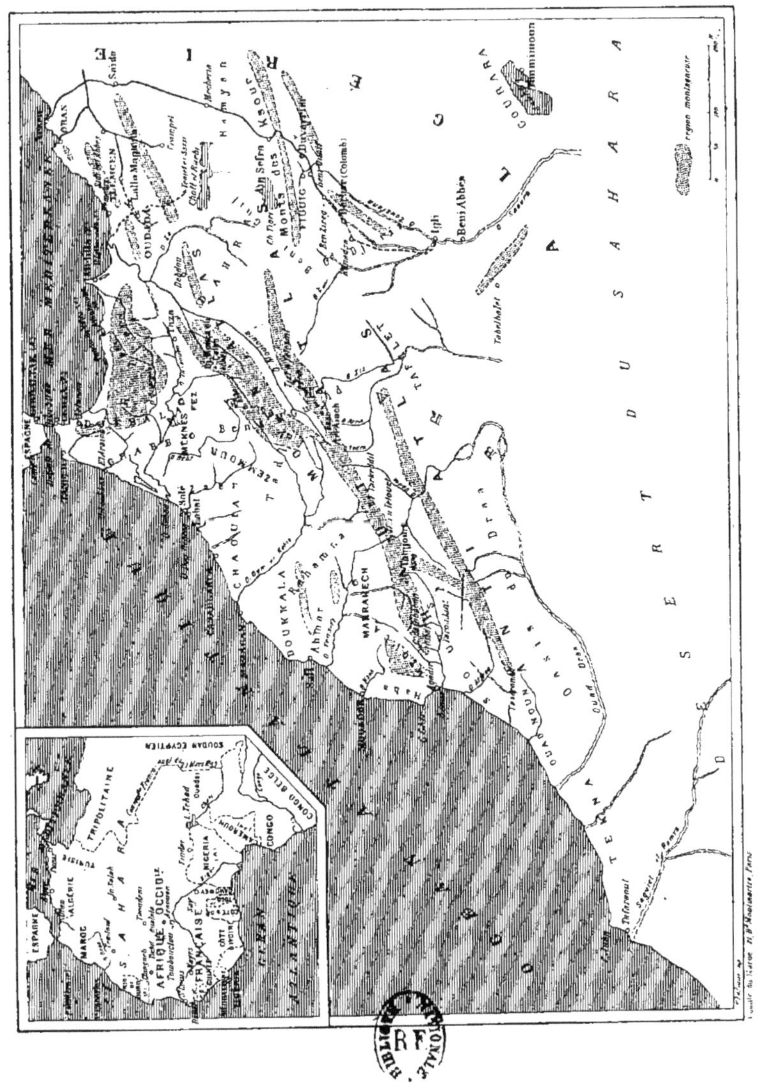

www.ingramcontent.com/pod-product-compliance
Ingram Content Group UK Ltd.
Pitfield, Milton Keynes, MK11 3LW, UK
UKHW020359250726
13967UKWH00005B/2369

9 782012 946200